Frühling am Gardasee das Fotoreisebuch von Alexandra Joseph

Inhaltsverzeichnis

Kapitel 1 Die Anreise zum Gardasee

Italien ist ja eines der beliebtesten Urlaubsländer der Deutschen, insbesondere der Gardasee. Nicht nur das er ja der größte aller Seen Italiens ist, sondern bietet er allen sie selber mit dem Auto/ Motorrad oder Wohnwagen anreisen einen dicken Pluspunkt. Wer nach Italien bzw zum Gardasee fährt, hat die Wahl über die Schweiz oder über Österreich zu fahren, somit bekommen alle Reisenden atemberaubende Landschaftspanoramen zu sehen. Idyllische Örtchen mit Kuhweiden, viel Bauernhöfe tolle Berge und grüne Täler soweit das Auge reicht. Wer über die Schweiz anreist hat nicht nur das Gebirge vor Augen, nein man kommt auch noch am Comer und Lugano See vorbei ! Außerdem hat man je nach dem wo man herkommt einen weiteren Vorteil was die Fahrtzeit anbetrifft : Der Gardasee ist in Norditalien also relativ am Anfang. Dazu ist man von Süddeutschland her kommend schnell in Österreich oder in der Schweiz, je nach dem für welche Strecke man sich entscheidet. Nicht zu vergessen , da sehr wichtig ist die Vignette ! Für die Schweiz ist eine Jahresvignette Pflicht, wenn man auf der Autobahn unterwegs ist . Diese gilt für Kraftfahrzeuge und Anhänger bis 3,5 t und kostet mittlerweile 42,00 Euro . Erwerben kann man diese in allen Automobilclubs und in der Post oder auch an vielen Tank und Raststätten. Das gleiche gilt für Österreich , allerdings braucht man hier keine Jahresvignette , sondern kann hier zwischen 10 Tages oder Jahresvignette sowie eine 2 Monatsvignette wählen. Die Preise liegen hier bei 9,60 angefangen sowie 28,20 bis 93,80 Euro. Die Preise verstehen sich für Pkw , Für Motorräder natürlich deutlich günstiger. Hinzu kommen nur noch der Brenner mit 10,50 Euro und natürlich die Teilmautstellen.

Kapitel 2 Preise & Buchung Reise Frühling

Der Frühling am Gardasee ist schon etwas besonderes, zum einen durch das herrlich mediterrane Klima und zum anderen durch die günstigen Preise, da im Frühjahr zwar die Touristensaison startet, aber eben nicht so überlaufen ist. Als ich das erste mal mit einem Mann nach Limone fuhr, buchten wir übers Internet. 5 Tage mit Halbpension in einem 4 Sterne Hotel für knappe 300 Euro, ein Jahr später verschlug es uns wieder an den schönen Gardasee, diesmal aber nach Garda auch wieder für 5 Tage mit Halbpension wenn auch nur 3 Sterne für in etwa das selbe Geld. Was ich damit sagen will, ist wenn man im Frühjahr dort hinfährt, bekommt man viel Urlaub für wenig Geld , dazu noch jeder Menge Postkartenmotive für alle die gerne fotografieren . Und wie schon erwähnt spielt auch das Wetter oft mit, kurze Kleidung kann man auf jeden Fall mitnehmen, sicherlich gibt es wie überall den einen oder anderen Tag der ins Wasser fällt . Aber meistens hat man zu dieser Zeit April / Mai den Wettergott auf seiner Seite.

Kapitel 3 Limone sul Garda

Limone hat für mich eine ganz besondere Bedeutung , schließlich war dies unser erster Urlaub am Gardasee. Ein wunderschöner Ort mit tollen Wanderwegen, schönen Hotels und einer idyllischen Altstadt wie ich finde. Wo wir schon dabei wären, denn wer dort unterwegs ist , kommt an einigen Stellen vorbei wo es sich auf jeden Fall lohnt reinzuschauen. Zum einen wären da das sogenannte Salamihaus, hier gibt es zahlreiche Variationen der beliebten Dauerwurst , wo man auch probieren kann. Ich kann nur sagen sehr sehr lecker als Mitbringsel für die daheim gebliebenen oder für den Eigenbedarf kann ich dieses Geschäft nur empfehlen ! Passend zum Ortsnamen Limone sollte man auch das Zitronengewächshaus gesehen haben, das eigentlich eher ein Museum ist und verdeutlicht wie diese Gewächshäuser genutzt wurden , auch schon deshalb um diese empfindlichen Pflanzen zu schützen. Wer an der Geschichte vom einstigen Bauern& Fischerdorf Limone interessiert ist, sollte einen Abstecher ins Museodel Turismo machen, Hier kann man die Entwicklung zum beliebten Ferienziel in historischen Bildern verfolgen und vieles mehr , das absolute Highlight aber finde ich ist die San Benedetto Kirche , eine Barockkirche die oberhalb der Altstadt thront und abends leuchtet ! Ein richtiger Eyecatcher also, wenn man den Abend bei einem guten Essen und ein Gläschen Rotwein ausklingen lassen will. Übrigens ist typisch für Limone das eine Vielzahl der Hotels auf Felsen erbaut wurden.

Kapitel 4 Malcesine

Ein kleines mittelalterliches Dorf mit gerade einmal 3689 Einwohnern das am Ostufer liegt und die Bezeichnung Perle des Gardasees trägt , hier ist die Rede von Malcesine . Von Limone aus kann man für wenige Euros mit dem Schiff dort hin Fahren, die Fahrt dauert nicht lange und schon kurz vor der Ankunft wird einem veranschaulicht wie malerisch schön dieser Ort ist . Da wundert es einen nicht das auch Malcesine zu den Touristenmagneten gehört, war doch auch schon Johann Wolfgang von Goethe von diesem Dorf angetan als er sich auf der Durchreise befand . Eine der bekanntesten Sehenswürdigkeiten Malcesines ist die Scaligerburg die recht dominant in den Ort ragt , und von der man auch unzählige schöne Ausblicke und darüber hinaus tolle Aufnahmen machen kann. Erst recht wenn man sich ganz oben auf der Burg befindet. So habe ich diesen unvergesslichen und erlebnisreichen Ausflug sehr genossen, und kann es wärmstens empfehlen den kleinen Ort am Fuße des Monte Baldo liegt zu besuchen , denn auch das ist ein weiterer Anreiz Malcesine einen Besuch abzustatten. Man hat den tollen See und das glitzernde Wasser und auch die Möglichkeit mit der Seilbahn auf die Bergstation , also optimale Voraussetzungen für alle die gerne mit Wanderstöcken und oder dem Mountainbike unterwegs sind ! Es gibt Orte die sind einfach nicht mit Worten zu beschreiben , das ist für dieses Feriendomizil mehr als nur zutreffend , daher sind / ist für jeden Ort des Gardasees am Ende des Buches eine Fotostrecke gewidmet , so das die Entscheidung in welche Region es hingehen soll vielleicht leichter fällt.

Kapitel 5 Garda

Wer an den Gardasee denkt , dem fallen natürlich gleich die bekannten Hotspots wie Limone , Malcesine , Bardolino oder auch Sirmione und Brenzone ein sowie viele andere Touristenziele die mit dem Gardasee in Verbindung gebracht werden . Auch beim googeln und in den sozialen Netzwerken werden bei Suchanfragen oft die selben Orte angezeigt , dabei wird aber immer ein schönes Fleckchen Erde übersehen ! Der Ort Garda ist nicht nur Namensgeber für den schönen See , nein es ist / soll auch die bekannteste Gemeinde sein ! Genauso wie Malcesine liegt Garda am Ostufer und gehört zur Provinz Verona . Was ich in Garda besonders toll finde , ist das man von der schönen Uferpromenade direkt nach Bardolino laufen kann. Ja hier liest man richtig , wer also keine Lust auf Schiff oder Auto hat, kann gemütlich dorthin spazieren. Aber nicht nur die Uferpromenade macht das Örtchen so besonders, auch der Berg Rocca di Garda der Fels deer zwischen Garda und Bardolino liegt , sticht einem direkt ins Auge , zumal auf diesem Fels die ehemalige Burg dort errichtet wurde, wovon heute leider so gut wie nichts mehr übrig ist bis auf wenige Mauerreste . Ein Blickfang ist der Tafelberg allemal .

Kapitel 6 Bardolino

Willkomen in der Weinstadt Bardolino! Im Gegensatz zu den Orten die ich am Anfang genannt habe , also Limone / Malcesine und Garda ist Bardolino ein etwas größerer Ort und liegt zwischen Lazise und Garda . Und auch hier wird niemand was das Ortsbild & Landschaftsbild angeht enttäuscht , eine schöne Promenade ebenso ein toller Hafen die Altstadt und auch an Sehenswürdigkeiten geizt dieser Ort nicht ! Es gibt einige Kirchen , und wem das nicht so zusagt , der kann sich zum Beispiel im Olivenöl- Museum die Zeit vertreiben wo man nicht nur vieles über die Herstellung erfährt, sondern auch Olivenöl kaufen kann. Das soll es aber noch nicht gewesen sein , denn für Liebhaber des guten Tröpfchens gibt es ein Weinmuseum, ebenso finden jedes Jahr in Bardolino Weinfeste statt. Übrigens Verona die Provinz in der Bardolino liegt, ist gerade mal 35 km entfernt, und auch der bekannte Vergnügungspark Gardaland der sich in Castelnuovo befindet kann man ebenso gut mit dem Auto erreichen, dieser liegt mit 20 km Entfernung etwas näher.

Kapitel 7 Lazise

Für den Ort Lazise gibt es so einige Dinge die diese Kommune so einzigartig machen. Da wäre zum Beispiel die Sache das der Kernort komplett autofrei ist, wer schon einmal in Venedig war kennt dies. In die Stadt hinein fahren kann man und parken, aber den eigentlichen Ort kann man nur zu Fuß besichtigen, so verhält sich dies auch mit Lazise. Es gibt in der Nähe der Stadtmauern kostenpflichtige Parkplätze oder entlang der Gardesana in den Parkbuchten , ebenso in Cisano das zwischen Lazise und Bardolino liegt . Dort kann man am Ortseingang kurz vor dem Hafen parken. Eine Seltenheit am Gardasee ist der Sandstrand , im Gegensatz zu vielen anderen Orten am Lagi di Garda wo nur Kiesel anzutreffen ist , gibt es hier in Lazise einen feinen Sandstrand , da er aber zur Campinganlage Cisano gehört, sollte man sich hier mit dem Campingbetreiber absprechen. Ansonsten hat man aber die Möglichkeit am südlichen Ortsrand von Lazise oder am nördlichen Ortsende mit Badebuchten , ins kühle Nass zu springen. Prägend für den Ort Lazise sind auch die Stadtmauern, denn die Gemeinde hat eine wunderschöne mächtige Festung einer Scaligerburg die aber leider für die Öffentlichkeit nicht zugänglich ist , da er vom Park der Villa Bernini umgeben ist. Man kann also nur erahnen wie erhaben und uneinnehmbar dieses Bauwerk war.

Kapitel 8 Sirmione

Mit Sirmione sind wir auch schon am letzten Kapitel angekommen, allerdings gibt es ja zu jedem der hier im buch genannten Feriendomizile Fotostrecken und ganz am Ende nochmal einige Infos zum Gardasee. Als wir 2018 unseren Urlaub in Garda verbrachten, beschlossen wir auch einen Ausflug nach Sirmione zu tätigen , und obwohl wir was das Wetter anging einen schlechten Tag erwischten, weil es recht stürmisch war , hatten doch sämtliche Eindrücke alles wieder ausgeglichen . Es gab an jenem Tag soviel zu entdecken , das ich froh war, einen vollen Akku in der Kamera zu haben. Angefangen mit der Wasserburg für das Sirmione ja bekannt ist , und das auch viele Touristen anzieht. Ein beeindruckendes Bauwerk das auch gleich am Anfang des Ortskerns liegt und viele Besonderheiten hat , die ich nicht alle aufzählen kann . Ein kleiner Tipp für alle die historische Fahrzeuge und Autos allgemein lieben : Jedes Jahr findet am Gardasee das bekannteste Autorennen der Welt statt, die berühmte Mille Miglia ! Tja leider war das erst 3 Wochen nach unserem Urlaub, es lohnt sich also den Termin für dieses Event zu googeln . Das nächste Highlight in Sirmione wartet beim Archäologischem Museum, wo nicht nur römische Fundstücke bzw Ausgrabungen zu sehen sind, nämlich die Grotten des Catull . Wobei der Name eigentlich täuscht , denn es handelt sich hier um eine ehemalige Villa die nach seinem Tod errichtet wurde, und hiervon noch die Mauern und Säulen übrig sind. Ein riesiges Areal bei dem recht deutlich wird , wie groß die Villa samt Thermalbädern gewesen sein muss. Atemberaubend natürlich auch der Ausblick auf den See und die Botanik, man kann sich gar nicht satt sehen ist doch das gigantische Grundstück von einem tollen Olivenhain umgeben , bei dem man je nach dem wo man steht auch den Blick auf die Kirche San Pietro erhaschen kann. Da sie inmitten von Oliven und Zypressen liegt, wird sie oft übersehen, wir haben sie besichtigt und ich kann nur sagen das diese kleine Kirche wirklich sehr sehr schön ist . Wer nun Lust auf Sirmione bekommen hat , der darf sich auf die Fotostrecke freuen, wo mit Bildern nicht gegeizt wird.

Impressum

Mössingerstraße 26 72411 Bodelshausen
Email : info@reisefotos-landschaftsbilder.de
1.Auflage Jahr 2022
ISBN: 9789403682020

Selfpublishing – Portal : Bookmundo

Gedruckt in Deutschland

Wissenswertes zum Gardasee

Der Gardasee ist der größte aller oberitalienischer Seen, und grenzt an die Regionen Lombardei, Trentino sowie Venetien an . So richtig populär und beliebt wurde der Lago di Garda in den 50/60 Jahren als der Massentourismus anfing und viele Deutsche mit Campingwagen und co anreisten. Ein lohnendes Urlaubsziel ist der Gardasee für Sportler , da er für alle Aktivitäten wie Radfahren sowie Wandern und klettern und auch Wassersport zahlreiche Möglichkeiten bietet. Egal für welche Art von Urlaub man sich letzten Endes entscheidet, ob man als Familie oder Paar oder auch alleine anreist . Bei diesem schönen Fleckchen Erde wo sich das alpine mit dem maritimem vermischt kommt jeder auf seine Kosten.

Schlussworte von mir als Autorin

In diesem Werk steckt eine Menge Herzblut , auch schon deshalb weil sich in dem Buch zwei Leidenschaften vereinen, die Liebe zur Fotografie und das verreisen. Ich glaube es gibt nichts schöneres als neue Orte zu besuchen, die schönen Momente festzuhalten und dies mit anderen zu teilen. Was die Gestaltung des Buches anbelangt , so wollte ich das sich das Buch nicht wie jeder klassische Reiseführer liest . Von Urlauber für Urlauber das war und ist das Motto , da ja jeder auch ein anderes Budget hat und auch Ernährungsweisen individuell sind , wurde hier bewusst auf Restaurant Tipps verzichtet , dafür mehr Fotos die den Ort so zeigen wie er ist .

Sirmione Fotostrecke

A TUTTI GLI ITALIANI
CADUTI PER LA PATRIA

Sirmione Bilder

Lazise Fotos

HOTEL

Bardolino Bilder

Garda

Malcesine in Bildern

Lasagne

GOETHE
1786

Malcesine Fotos

Limone Fotostrecke

Sandrah

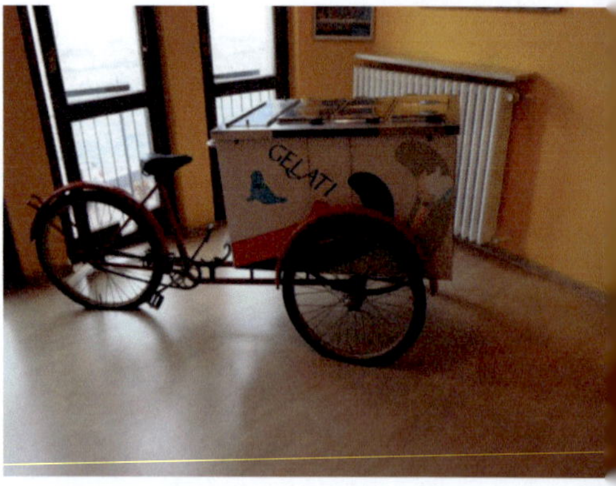
GELATI

PRODOTTI TIPICI

Limone in Bildern